11/04

A todo rieSgo

cyls
Editores

A todo riesgo
Primera edición, 2004
© Cyls Editores C.A.
Calle San Luis, Qta. La Prince, Nº 24
Urb. San Luis, El Cafetal
Caracas 1061- Venezuela
Telefax: (58-212) 987.3459
Teléfono: (58-212) 414.8483
e-mail: cylseditores@cantv.net

Edición dirigida por
Jeanette León

Dirección de colección y dirección creativa
Aquiles Esté

Coordinación editorial
Rafael Rodríguez Calcaño

Revisión y corrección general
Silda Cordoliani

Diseño gráfico
Elena Terife / Natalie Flores

Texto
Leopoldo Tablante

Ilustración
Mike Mansilla

Hecho el depósito de ley
Depósito legal Nº IF8302003338201

Impresión: *D'VINNI* ⬬

Catalogación en fuente

Tablante, Leopoldo.
   A todo riesgo / [texto, Leopoldo Tablante] –
Caracas : CYLS Editores, 2004 – (Colección clave. Serie volante)

   1. Deportes – Literatura juvenil.

796
T113

ISBN 98006753013

A todo riesgo

En este libro encontrarás...

¿Son nuevos los deportes extre

1911-1920

- Se introduce el surf
  en Australia, importado
  de la Polinesia
- Conquista del polo Sur
  - Muere
  François Reicheltel,
  inventor del paracaídas,
  al saltar de la Torre
  Eiffel
  - Primera
  Guerra Mundial
  - Se fabrican
  las primeras
  patinetas

1921-1930

- El paracaídas se utiliza
  con fines deportivos
- Primer campeonato
  del mundo de ciclismo
  en carretera
- John Baird, científico
  escocés, inventa
  la televisión

1931-1940

- Primera tabla con vela
  incorporada
  - El windsurf
  da sus primeros pasos
- Se desarrolla
  en Estados Unidos
  una fibra sintética
  revolucionaria:
  el nylon
- Surge la tecnología
  del plástico: aparece
  la balsa de hule
  - Segunda
  Guerra Mundial
  - Se crea el
  paracaídas
  rectangular

1941-1950

- Comienza
  el skateboarding
- Francis Rogallo
  crea el ala delta
- Dos físicos
  norteamericanos
  inventan el transistor,
  que revolucionará las
  telecomunicaciones

1951-1960

- Se desarrolla el rafting
  en balsa de hule
- Se extiende la fiebre
  del surf
- Se escala el Monte
  Everest
- Nacen los compases
  del rock and rol
- Primer satélite
  al espacio

Pareciera que fueron inventados ayer. Pero en verdad el tomar riesgo en los deportes se remonta a épocas muy distantes, a juegos practicados por antiguas culturas, como el *tachtli* de los mayas y aztecas. Así, algunos deportes extremos que hoy conocemos provienen de mágicos rituales, o se desarrollaron a partir de otros ya tradicionales. En nuestros días, una legión de diseñadores, ingenieros y deportistas se ha empeñado en llevar el riesgo y la osadía hasta las fronteras de lo imposible.

1961-1970

- Guerra en Vietnam
- Arranca la manía
  el bicicross
- Se desarrollan
  paracaídas en forma
  de ala para amortiguar
  la caída de cápsulas
  espaciales
- Aparece la minifalda
- Las ruedas de patineta
  se fabrican en
  poliuretano
- Surgen varios
  movimientos
  contestatarios:
  hippies, guerrillas,
  panteras negras
- Aparecen Los Beatles
- Primer vuelo tripulado
  a la luna
- Se ponen de moda
  los tatuajes

1971-1980

- Se expande
  el sandboarding
- Primeros saltos
  en parapente desde
  los Alpes
- En Hawaii se desarrolla
  el windsurf con viento
  fuerte
- Los hombres usan
  aretes y se dejan
  el pelo largo

1981-1990

- El windsurf
  es reconocido como
  deporte olímpico
- Un ocioso inventa
  el wakeboarding
- Se comienzan
  a emplear el carbono
  y el aluminio en las
  tablas de snowboard
- Primera tabla especial
  para wakeboard
  (skurfer)
- Primer modelo
  comercial de
  parapente fabricado
  en serie

1991-2000

- Saltos de bungee
  en el mundo occidental
- Primera olimpíada
  de deportes extremos
  o X Games
- Se celebran
  los Primeros Juegos
  Mundiales del Aire
- Aparece el kitesurf
- Irrumpe el rap agresivo
  e irreverente
- Primera guerra
  contra Irak
- De nuevo el furor
  por tatuarse
- Muchos se abren
  agujeros y lo llaman
  pearcing

2001-2010

- Atentado contra
  las Torres Gemelas
  de Nueva York
- Segunda guerra
  contra Irak
- Se imponen
  los deportes extremos
  al aire libre o
  «deportes ecológicos»
- Tendencia a fusionar
  diversas modalidades
  extremas
- Furor por los deportes
  en el cine
  y la televisión
- Experiencia virtual
  de los deportes X
  a través
  de la tecnología

1 2 3 4 5 6 7 8 9 10 11 12 13 14 15 16 17 18 19 20 21 22 23 24 25 26 27 28 29 30 31 32

Al límite

Ya es costumbre admirar en la tele,
en la publicidad o en las revistas, toda una gama
de actividades al aire libre que no pertenece
a la tradición de los deportes clásicos.
Son los deportes extremos o de alto riesgo,
en los que la aventura es parte de la diversión
y el peligro un ingrediente necesario.

La mayoría de los deportes de riesgo proviene de disciplinas
tradicionales como esquiar o montar bicicleta, sólo que la tecnología
moderna, la creatividad y el arrojo han permitido llevarlas hasta
el límite de sus posibilidades.

Para algunos, los deportes extremos se han vuelto un modo de escapar
a la vida en ciudad, formar grupos aventureros, ponerse a prueba
o descargar tanta adrenalina como sea posible, mientras
que para otros pueden ser toda una forma de expresión,
¿*cool* no?

Antes de realizar
un deporte de alto riesgo
es recomendable:
- Tener una formación específica
del deporte a practicar a través
de clubes y federaciones.
- Informarte sobre las variables
que pueden influir en la actividad,
tales como dificultad, recorrido,
estado del tiempo, equipo
de protección y vías de escape.

1
2
3
4
5
6
7
8
9
10
11
12
13
14
15
16
17
18
19
20
21
22
24
25
26
27
28
29
30
31
32

Bicicletas salvajes

El *bicicross*
comenzó en
los Estados Unidos
a principios de los años setenta. Algunos
jóvenes de Nueva York y Los Ángeles,
fascinados por las competencias de motocross
que veían por televisión, se creyeron capaces de hacer
lo mismo con sus bicicletas y empezaron a inventar
obstáculos con pedazos de madera y con piedras.
A otros se les ocurrió que los muros de sus edificios,
o las escaleras de sus propios parques, estaban allí
para saltar sobre ellos.
Existen cuatro estilos principales: el «vertical»,
que se practica en rampas verticales (terraplenes,
paredes, etc.); *flat*, o sobre el piso; *dirt*, o sucio,
que reúne las acrobacias que se hacen sobre
rampas y montículos de tierra; y *street*, o calle,
que incluye todas las locuras que se puedan
hacer en la vía.

Actualmente existe una disciplina llamada «estilo libre». La practican los ases de las acrobacias, que se atreven a dar volteretas en el aire y saltar a varios metros de altura. Los nombres de las acrobacias de estilo libre son muy curiosos:

Can-can: como el baile francés que estaba de moda a finales del siglo XIX y comienzos del XX. Con la bicicleta volando y bien aferrado al manubrio, se saca un pie al aire por alguno de los lados.

Patio trasero: se pone un pie en un estribo trasero y se roza con el otro la rueda trasera. Una mano permanece en el manubrio y la otra sale hacia fuera para ganar equilibrio.

Pogo: se salta hacia los estribos de la rueda delantera y se aplican los frenos. La bicicleta se detiene, la rueda trasera se levanta. El reto es quedarse saltando sobre la rueda delantera el mayor tiempo posible empujando el manubrio hacia abajo. Fácil, ¿no?

Como **sobre** las **olas**

A comienzos de los años setenta, un grupo de surfistas que vivía cerca de Ocean Park, en la ciudad de Los Ángeles, inventaron una pequeña tabla de surf con ruedas para hacer piruetas cuando las olas del mar estaban muy bajas. No sólo el parque frente a la playa era bueno para hacer acrobacias: los patineteros iniciales encontraron en las piscinas abandonadas las primeras pistas emocionantes.

El *skateboarding* se ha convertido en uno de los deportes extremos más populares, con tres tipos de competencias principales: saltos sobre bancos, sobre cubos de basura y deslizamientos sobre barandas.

Como en el bicicross, el estilo libre es el que permite mayores exageraciones. He aquí los nombres de algunas acrobacias.

Fakie o hacia atrás: consiste en deslizarse hacia atrás.

Healflip o efecto de tobillo: se presiona la parte de atrás de la patineta y se salta. La patineta se eleva pero cae en sentido contrario.

Kickflip o salto de patada: quien va en la patineta le da un golpe con el pie a su tabla, lo que la hace girar 360 grados antes de caer al suelo.

Nollie: se presiona la patineta por el extremo delantero con el pie, lo que la impulsa hacia arriba y da la impresión de que la tabla estuviera pegada a los pies.

Genio y figura de la patineta

Aunque patinetas se han fabricado desde los años veinte, los constructores se han tomado en serio el desarrollo de este vehículo desde finales de los años cincuenta.

Con el auge del *surf* en California, se creó un primer tipo de tabla: delgada, de madera y con ruedas de hierro.

Rodar en ellas era como montarse sobre un terremoto ambulante.

No fue sino hasta los años sesenta que se inventaron las ruedas de poliuretano, que volvieron la patineta más estable.

1
2
3
4
5
6
7
8
9
10
11
12
13
14
15
16
17
18
19
20
21
22
23
24
25
26
27
28
29
30
31
32

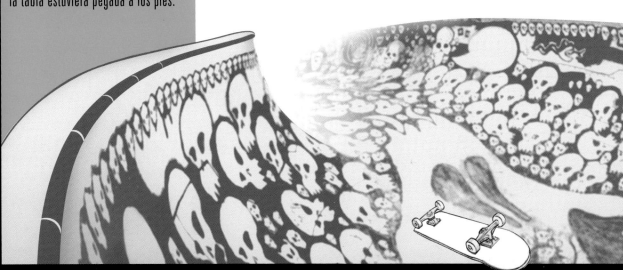

Desde las alturas

Es nuevo, emocionante y completamente a la moda. Y lo bueno es que, a pesar de su reciente aparición, ya tiene su propia manera de vestir —con ropa ancha y colores muy llamativos— , equipo y revistas.

El *snowboard* o *riding* exige equilibrio, elegancia, anticipación y velocidad al descender parado en una tabla las empinadas cuestas recubiertas de nieve. Pero, en definitiva, quizás lo que más atrae a la juventud de este deporte es la desenfrenada sensación de que en él todo, absolutamente todo, es posible.

Sabías que...

Se llama *Halfpipe* a una estructura o pista hecha de nieve con forma de medio tubo y en cuesta, utilizada para el estilo libre.

Para poder comprender a los que presumen de conocedores de este deporte, he aquí algunos términos básicos:

Rider: persona que anda en snowboard o tabla de nieve.

Stand: parada sobre la tabla.

Grab: agarre.

Tailgrab: agarre de la parte trasera de la tabla.

Nosegrab: agarre de la parte delantera de la tabla.

Mute: agarre con la mano adelante, entre las piernas.

Fake: cuando bajas con la cola en vez de con la punta.

Como arañas

Existe un deporte llamado escalada
que exige de quien lo practica
convertirse en parte de la roca. O casi.
Mientras más directo sea el contacto, mejor,
y lo recomendable es agarrarse a la piedra
con la mano desnuda, sin guantes.

Es bueno saber que cuando se sube un muro de piedra no se puede
dar marcha atrás y, para cuidar de no caerse, es necesario contar
con el equipo adecuado como medida de seguridad.

Existen dos tipos de competencia: la prueba de velocidad y la prueba
de dificultad. La de velocidad consiste en tratar de llegar lo más rápido
posible a un punto específico del muro de piedra; la de dificultad,
retar al escalador a subir una ruta bastante difícil, llena de peligros
y obstáculos.

Zapatos que se pegan

Los zapatos para escalar son como guantes que se amoldan a la forma del pie y, por lo general, se usan de una talla menos que los zapatos de diario. A la hora de escalar, es necesario que el pie sienta todas las irregularidades de la roca para poder avanzar con la mayor firmeza posible. Un paso en falso y ¡Adiooooooooossssssssss...!

Como en la escalada suelen participar varios escaladores, la primera persona debe ocuparse de asegurar el extremo de la cuerda en un punto que se llama «reunión», que es el destino al que deben llegar todos los escaladores. El grupo de escaladores unidos a la cuerda de escalar se llama «cordada». El primer escalador de la cordada está sujeto al freno y al «descensor», una pieza metálica en forma de ocho que le permite asegurarse arriba, recuperar al segundo escalador y deslizarse hacia abajo en *rappel* cuando sea necesario.

Sorteando la espuma

El *rafting* es un deporte de río. Su nombre viene de *raft*,
que es como se le dice en inglés a una balsa hecha de palos
de madera unidos entre sí; actualmente esas balsas,
que permiten desplazarse por los ríos de peor humor,
están hechas de caucho resistente.
En cada balsa debe haber por lo menos seis
tripulantes dirigidos por un timonel, quien
da las instrucciones necesarias para
esquivar los obstáculos presentes en la corriente.
Cada miembro de la tripulación tiene un remo
y debe ponerse un casco y un chaleco
salvavidas.
¡No quiere decir que no haya
que saber nadar!

Sabías que...

Los ríos más famosos donde
se practica este deporte son:
el Omo (Etiopía),
Brahmaputra (India),
Biobio (Chile),
Reventazón (Costa Rica),
Nantahala (Estados Unidos),
Tatsheshin (Columbia Británica)
y las corrientes de los ríos Atures
y Mapure, en Venezuela.

Pájaro de mar por aire

El *wakeboarding*, es semejante al esquí convencional. Sólo que esta vez el esquiador va sobre una pequeña tabla, surfeando en la agitada estela (*wake*) que deja una lancha. Sobre el agua, un atleta de esta disciplina no cesa de agitarse haciendo piruetas por los aires. Cada día los saltos son más espectaculares y, entre brinco y brinco, no queda más remedio que estar alerta.

Aunque la tabla del wakeboard se inspiró en un principio en la tabla de *surf*, luego fue adquiriendo su propia personalidad e incorporando algunas características de las tablas de snowboard, diseñadas para deslizarse por la nieve.

La tabla de wakeboard es relativamente ancha, curvada a los lados, con los extremos cortados en forma recta y dotada de correas para los pies. Fue inventada, en 1985, por un surfista de San Diego, California, de nombre Tony Finn, que la llamó *skurfer* (esquí para surfear).

Por supuesto que la moda no podía quedarse afuera: colores vibrantes, pantalones amplios, bermudas, gafas de sol y música de altos decibeles complementan la magia de este deporte.

El hábito que hace al monje

Para participar en la locura de los deportes extremos
es indispensable contar con el equipo adecuado. Los avances
tecnológicos de nuestro tiempo permiten innovar constantemente,
creando implementos cada vez mejor diseñados para mejorar
la seguridad y, ¿por qué no?, extender los límites del riesgo
y su consiguiente dosis de adrenalina.

Las tablas varían en tamaño y sus costados pueden ser simétricos
o asimétricos; algunos prefieren botas blandas para mayor flexibilidad,
otros las buscan duras para mayor control a alta velocidad. Se hacen
cometas con costillas inflables para que no se hundan en el agua
y puedan elevarse por los aires; en fin, todo un mundo de accesorios
que conspira para aumentar nuestra diversión.

zapato de *snowboarding*   zapato de escalada   zapato de patineta

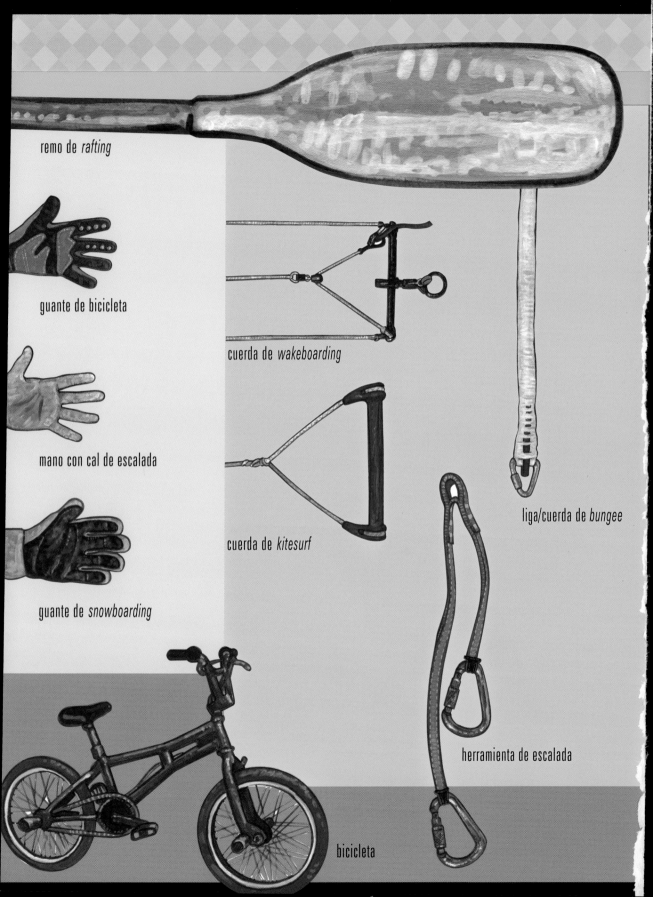

remo de *rafting*

guante de bicicleta

mano con cal de escalada

guante de *snowboarding*

cuerda de *wakeboarding*

cuerda de *kitesurf*

liga/cuerda de *bungee*

herramienta de escalada

bicicleta

El surfista es rey

En el archipiélago de Hawai, océano Pacífico, se forman las mejores olas del mundo, con más de diez metros de altura; allí se encuentran las célebres playas de Waikiki y *Diamond Head* (Cabeza de diamante).

Existen tres modelos principales de tablas

La tabla corta:

Mide entre 1,80 y 1,95 metros.
Su extremo delantero es puntiagudo.
Es la más liviana y la que más
se usa actualmente, pero la menos
recomendada para aprender.

La tabla mediana, o *funboard*:

Se recomienda para dar los primeros
pasos porque es la más fácil
de maniobrar. Supera los 2,10 metros
y su extremo delantero es redondeado.

El tablón, o *longboard*:

Puede llegar a medir 3,50 metros.
Son muy buenas para olas pequeñas.
Aunque es fácil ponerse de pie encima
de ellas, son pesadas para desplazarse
en el mar y difíciles de transportar.

Los practicantes de *surf* logran mantenerse en equilibrio de pie sobre
una tabla lisa y puntiaguda, hecha de fibra de vidrio, con una quilla
en la parte de atrás para poder dirigirla en su descenso por la
superficie encrespada de las olas.

En otra época, los reyes de las tribus de las islas de la Polinesia,
en el sur del océano Pacífico, eran los mejores surfistas porque
se decía que quien lograra sobrevivir a una de las enormes olas
de esa zona era capaz de dominar las fuerzas de la naturaleza.

Hoy en día la mayoría de los campeones de este deporte
son de origen australiano.

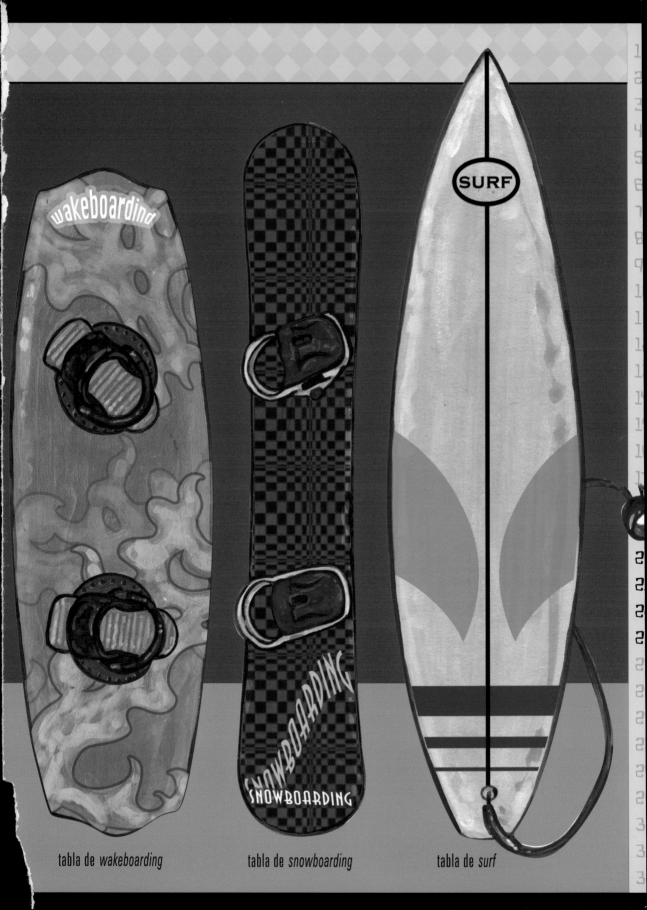

tabla de *wakeboarding*   tabla de *snowboarding*   tabla de *surf*

la de parapente

vela de paracaídas

la de *kitesurf*

patineta

tabla de *kitesurf*

Navegando hacia el cielo

En el *kite-surf*
no sólo nos deslizamos
sobre el agua montados
en una pequeña tabla, sino que
además volamos con la ayuda de una
cometa o parapente. Y si coordinar esto
no resulta nada fácil, tampoco lo es desenredar
la maraña de cuerdas de la cometa en medio
de los fuertes vientos que soplan en la orilla de la playa.
Pero nada de eso importa, ya que el *kite* es toda una sensación.
Gracias a la propulsión del viento a través de la cometa se pueden
realizar saltos de más de 10 metros de altura y ¡50 de desplazamiento!,
mientras los bañistas te observan creyendo que
eres una nueva especie de pájaro marino.

Con pocos años de desarrollo,
esta nueva actividad,
también llamada *flysurf*,
está creciendo en adeptos
a una velocidad vertiginosa.

Para este tipo de deporte,
es indispensable tener en cuenta
la fuerza y dirección del viento.

El *kite* se puede practicar
en cualquier espejo de agua,
aun en aquellos
de muy poca profundidad.

Como las águilas

El *parapente*, derivado de los paracaídas deportivos de copa cuadrada, figura entre los nuevos hallazgos que se practican en diversas partes del mundo. No hace muchos años, en los Alpes franceses, a algunos fanáticos del paracaidismo se les ocurrió que, para no tener que saltar desde un avión, bastaba con correr velozmente contra el viento por una bajada, hasta que su paracaídas se inflara, y así comenzar a volar. De hecho, la palabra «parapente» se deriva de «paracaídas de pendiente» y a la práctica de este tipo de vuelo se le conoce como «vuelo libre».

Hoy en día los parapentes han adquirido verdaderas capacidades de vuelo y gran maniobrabilidad, convirtiéndose en la manera más económica de volar a grandes distancias.

Algunos modelos de parapentes
logran ascender
a más de 6.000 metros de altura
y recorrer grandes distancias.
El record mundial
es de 330 kilómetros.

El parapentista
utiliza inicialmente
el viento que golpea
las laderas de las montañas;
luego aprende a volar
remontando las corrientes térmicas
como las águilas.

Para volar en parapente primero hay que aprender algunas cosas útiles como con qué velocidad
de viento se puede despegar, tipos de nubes, algo sobre meteorología, la forma que debe tener una montaña
para ser volable y, si no quieres caminar algunos kilómetros, quién te irá a recoger en el lugar en que aterrices.

Caída libre

Cuando se salta a más de 3.000 metros de altura
el descenso es a unos 200 kilómetros por hora, aunque
en el aire uno no se da cuenta de la velocidad. Si bien la
caída es muy rápida, hay tiempo para hacer vistosas piruetas
y sentirse como un pájaro antes de que se abra el paracaídas.
Existen cuatro modalidades de paracaidismo deportivo,
según el número de paracaidistas que participen y las figuras
que realicen en el aire: «estilo libre», donde una sola persona
hace figuras; «trabajo relativo», donde intervienen grupos de cuatro
a ocho personas; grandes «formaciones», con figuras compuestas
por grupos de hasta 200 personas; y el «clásico», con figuras
específicas según un plan
determinado.

Sabías que...

El paracaídas es una idea vieja y ya en la época del Renacimiento, Leonardo da Vinci había realizado algunos dibujos sobre un objeto muy parecido a un paracaídas. Pero fue durante la Primera Guerra Mundial que el actual modelo de paracaídas fue desarrollado para descargar hombres y materiales sobre los campos de batalla.

El paracaídas fue utilizado por primera vez con fines deportivos en 1930, en Moscú: una serie de paracaidistas saltaron desde un avión con el fin de aterrizar en un blanco dibujado en el suelo.

El paracaidismo tiene una modalidad llamada «precisión», que consiste en llegar lo más cerca posible a un lugar marcado en la superficie por un círculo de... ¡20 centímetros de radio!

Salto al vacío

Hay quienes se arriesgan a saltar desde las alturas de una manera muy especial: se ponen en el borde de una superficie muy alta, se dejan caer y quedan rebotando en el vacío. Estos valientes están sujetos a los tobillos con una correa de nylon resistente, que se une a un banda elástica y, por si acaso, llevan un arnés de seguridad ajustado al cuerpo. La banda está hecha de goma y se supone que no es tan elástica, ni nadie tan pesado, como para caer al suelo y darse un mal golpe. La longitud de la banda puede variarse a voluntad. Este alocado deporte se llama *bungee* y se inventó en Nueva Zelanda.

Sabías que...

El bungee puede practicarse en todos aquellos lugares donde haya personas con nervios tan resistentes como las cuerdas de goma y nylon que utilizan. Los sitios ideales son los puentes altos y en algunos lugares instalan torres inmensas con una plataforma. De esa plataforma las personas se lanzan al vacío, como los acróbatas de un circo.

Al límite

Hay fanáticos del bungee a quienes les gusta llegar al límite de sus nervios. Por ejemplo, calculan la longitud de la cuerda para saltar y llegar a meter la cabeza en el agua de un río. Cuando la cuerda se contrae, salen a la superficie y respiran. Quienes han hecho cosas como esta dicen saber qué es la paz absoluta. ¿Quién lo dudaría?

Palabras clave

Acrobacia: ejercicio físico espectacular y de difícil ejecución.

Atleta: competidor de alguna disciplina deportiva.

Esquí: plancha larga y estrecha de madera hecha para desplazarse sobre agua o sobre nieve.

Nylon: fibra textil derivada del petróleo.

Pirueta: vuelta rápida que se da con todo el cuerpo para caer al suelo de nuevo.

Quilla: lámina plana y cortada en forma de aleta que se coloca debajo de una superficie flotante para darle estabilidad.

Risco: peñasco, roca alta.

Sintético: material obtenido mediante un procedimiento de combinación de elementos químicos. El plástico es un material sintético.

Tlachtli: Practicado por los mayas y aztecas como ritual religioso, el *tlachtli* era un juego que consistía en golpear, fundamentalmente con muslos y caderas, una bola maciza de caucho. El premio (o castigo) era la muerte. Se dice que los ganadores mayas cortaban la cabeza a los perdedores, mientras que otros señalan que los sacrificados eran los ganadores, ya que convertirse en ofrenda a los dioses podía resultar el más grande honor. De una u otra manera, qué duda cabe: ¡este sí que era un deporte extremo a riesgo total!